फ्यूचर फाइनेंशियल सेक्योरिटी
एण्ड
क्वालिटी ऑफ लाईफ

लेखक

अंकित अग्रवाल

Educreation Publishing

New Delhi, India | Website: *www.educreation.in*

Publishing association by,

Educreation Publishing

RZ 94, Sect 6, Dwarka, New Delhi - 110075, India.
Website: *www.educreation.in*

ISBN:9781505676365

Price: ₹

Public Notice:

The aim of this book is not to criticize, insult, oppress and dominate any present/modern knowledge or studies or culture or believes. Any such issue arises is entirely a misunderstanding of one, who claiming so and either writer, writer or/and Educreation does not hold any responsibility and is not responsible for any such issues arises.

The word 'Educreation' herein before and after is used for autonomous organization working under a Commercial Partnership Firm, registered under Indian Partnership Act, 1932 and situated over Bilaspur, Chhattisgarh, India.

Readers are requested to use their intelligence and knowledge while reading and understanding contents of this book. writer or/and Educreation does not hold any responsibility and is not responsible for any social, political, cultural, economic, commercial, national, international, educational or other problems or/and conflicts raised because of reading this book, using , implementing facts, formulas and other things given in this book, in any way or whatsoever.

लेखक के बारे में

लेखक अंकित अग्रवाल का उत्तर प्रदेश के सोनभद्र जिले में हुआ था। लेख क पिछले 8 सालों से (2007 से) नोयडा में रहते है।

लेखक की पिछली दो किताबें '' पर्सनालिटी वर्सेस आर्गेनाइजेशन'' और ''पाथ टू एक्जिश्टेन्श'' बेस्टसेलर रही और देश–विदेश के विभिन्न पाठकों के द्वारा खूब सराही गयी।

यह साल लेखक के लिये बहुत ही महत्वपूर्ण रहा क्योंकि इस साल जून माह में नेहा अग्रवाल ने बतौर जीवन साथी उनकी जिंदगी में प्रवेश किया।

लेखक अपनी सफलता के लिये अपने पाठकों के आभारी है। यह पुस्तक लेखक को विशेष प्रिय है क्योंकि इस पुस्तक को लिखने में उन्हें अपने पापा श्री सुरेश ताऊजी' का मूल्यवान सहयोग मिला।

लेखक मानते है कि उनकी पहचान उनके पापा से है, और उनकी वर्तमान सफलता में मात्र 20 प्रतिशत उनका, परन्तु 80 प्रतिशत उनके पापा का योगदान है।

समर्पण

यह पुस्तक मेरी पत्नी नेहा को समर्पित है। जो मेरी जीवनसंगीनी होने के साथ–साथ मेरी सबसे अच्छी दोस्त और मार्ग दर्शक है।

प्रस्तावना

दोस्तों इस पुस्तक का आपके हाथ में होना इस बात का सूचक है कि आप अपने आर्थिक जीवन को नई उच्चाईयों पर ले जाना चाहते हो। दोस्तों बाहर की दुनियॉ में लोग कॉरपोरेशन की अर्थव्यवस्था की बात करते है, देश व विदेशों की अर्थव्यवस्था की बातें करते है। परन्तु आज हम मिलकर किसी और की नहीं बल्कि अपनी पारिवारिक अर्थव्यवस्था की बात करेंगे।

1. इस पुस्तक में मैं आपको बताउंगा कि दुनिया के पहले अरब–पति मिस्टर जान पॉल गेट्टी ने अमीर बिनने के लिये कौन से चार नियम बतायें है।
2. इस पुस्तक में मैं आपको बताऊॅगा कि वर्ल्ड फेमस बिजनेस author मि. राबर्ट कियोसाकी एक्टिव और पैसिव इंकम के बारे में क्या समझाते है।
3. इस पुस्तक में मैं आपको बताउंगा कि हम अपनी आर्थिक स्थिति को किस प्रकार स्थायित्व दे सकते है।
4. इस पुस्तक में मैं आपको बताउंगा कि image Bazar के CEO मि. संदीप माहेश्वरी पैसों का पेड़ लगाने के बारे में क्या कहते है।

5. इस पुस्तक में मैं आपको बताउंगा कि वो कौन से काम है जिन्हें इस दुनियां में सिर्फ ३ प्रतिशत लोग करते है और जिन्हें करके वा आर्थिक रूप से स्वतंत्र हो चुके है।

दोस्तों, इन सारी बातों को जानने के लिये आगे बढ़िये और यह पुस्तक पैसे और जीवनशैली से संबंधित ऐस रहस्य आपको बतायेगी कि आप भी एक दिन अपने Finances में Freedom और life में Quality , add कर सकोगे।

Wish you a happy reading..

- Ankit Agrawal

विषय सूची

चैप्टर 1
फ्यूचर फाइनेंशियल सिक्योरिटी

जिन्दगी हमे ईश्वर के द्वारा दिया गया एक वरदान है। और इस जिंदगी को आन्दपूर्वक जीने के लिए हमें पैसों की आवश्यकता पड़ती है। पैसों का हमारे जीवन में उतना ही महत्व है, जितना गाड़ी में पेट्रोल का। न उससे कम न उससे ज्यादा।

इस दुनिया में हर इंसान अपनी मनपसंद की जिंदगी जीना चाहता है। लेकिन कहीं न कही उसे परिस्थितिवश काम्प्रोमाईज करना पड़ जाता है। और अधिकांशतः यह देखा गया है कि, लोगों को काम्प्रोताईज पैसों की कमी के कारण करना पड़ता है।

लोग अपना जीवन–यापन करने के लिए, जो भी व्यवसाय चयन करते हैं, उसके आधार पर वो अपनी मासिक–आय के अनुसार, अपने लिए एक लाईफ–स्टाईल सेट करते हैं। समय के साथ ये लाईफ–स्टाईल लोगों के लिए एक स्टैन्डर्ड बन जाती है। इसे लाईफ–स्टाईल– स्टैन्डर्ड कहते हैं।

लोगों की लाईफ–स्टाईल उनके फाइनेंशियल स्टेटस पर निर्भर करती है। हर इंसान यही चाहता है कि, वो जिस तरह की लाईफ स्टाईल आज इंज्वाय कर पा रहा है फयूचर में भी वो उसे मेन्टेन कर सके और अपने लाईफ स्टैन्डर्ड को बढ़ा सके। परन्तु यह सब तभी संभव है, जब लोगों की मंथली इंकम सिक्योर्ड हो और ऑनग्रोइंग नेचर की हसे। सिक्योर्ड और ऑनग्रोइंग नेचर की स्थिती को ही फ्यूचर फाइनेंशियल सिक्योरिटी कहते हैं।

हर इंसान भले ही आज एक अच्छी इंकम कमा रहा हो, पर उसे ये चिंता है कि क्या वो कल भी ये इंकम बना पाएगा, जिस पर उसकी पूरी

लाईफ–स्टाईल डिपेन्ड करती है। खुशी की बात यह है कि, सौभग्य से आज हमारे पास ऐसे अवसर मौजूद हैं, जिनको अपनाकर हम अपने आज को ही नहीं, बल्कि कल को भी सुनहरा बना सकते हैं। और जब भी हम इन अवसरों को तथा उन रहस्यों को भली भंति समझ लेते हैं, तो हम भी अपनी लाईफ के लिए 'फ्यूचर फाइनेंशियल सिक्योरिटी' क्रिएट कर सकते हैं।

इससे पहले की हम फ्यूचर फाइनेंशियल सिक्योरिटी को अपनी लाईफ में बिल्ड करें उससे पहले हमे ये पता होना चाहिए कि आय कितने प्रकार की होती हैं। आय दो प्रकार की होती हैं – एक्टिव इंकम और पैसिव इंकम

एक्टिव इंकम – एक्टिव इंकम वह होती है, जिसे कमाने के लिए हमारी फीसिकल उपस्थिति आवश्यक हो।

पैसिव इंकम – पैसिव इंकम वो होती है, जिसे कमाने के लिए हमारी फीसिकल उपस्थिति आवश्यक नहीं होती हो। पैसिव इंकम का नेचर ऐसा होता है कि, षुरूआत में इसे कमाने के लिए हमें मेहनत करनी पड़ती है, पर एक समय ऐसा आता है कि अब हमें मेहनत करने की आवश्यकता नहीं रहती और फिर भी पैसा बार–बार रेगुलर रूप से हमारे पास आता जाता है।

इस पुस्तक में हम आपको बताएँगे कि, वो कौन–कौन से काम हैं, जिन्हें एक बार अच्छे से कर के बार–बार पैसा कमा सकते हैं। ये पुस्तक आपको सिखएगी कि, कैसे पैसिव इंकम की मदद से आप भी अपने परिवार के लिए फ्यूचर फाइनेंशियल सिक्योरिटी क्रिएट कर सकते हैं।

चैप्टर 2
क्वालिटी ऑफ लाईफ

हम में से हर इंसान अपनी लाईफ में क्वालिटि चाहता है। हम अपनी लाईफ में खूब सारा पैसा कमाना चाहते हैं। हम अपने लिए पर्याप्त खाली समय चाहते हैं। साथ– ही – साथ हम यह सुनिश्चित करना चाहते हैं कि हमारे पास पर्याप्त धन व समय भविश्य में भी बना रहे।

क्वालिटी ऑफ लाईफ

इनफ मनी

इनफ टाईम

फाइनेंशियल सिक्योरिटी

1. इस दुनिया में बहुत से ऐसे लोग हैं, जिनके पास बहुत सारा पैसा है, पर अपने और अपने परिवार के लिए क्वालिटी टाईम नहीं है।

2. तो दूसरी तरफ ऐसे लोग भी हैं, जिनके पास खाली समय तो बहुत है, पर उनकी जेब ठन्डी है।

3. कुछ लोग ऐसे भी हैं, जिनके पास पर्याप्त पैसा और पर्याप्त समय दोनो है, पर यह गायरेन्टी नहीं है कि, यही स्थिति कल भी बनी रहेगी।

4. लेकिन इस दुनिया में कुछ ऐसे लोग भी हैं, जिनके पास, टाईम, मनी और सिक्योरिटी, तीनों का काम्बिनेशन मौजूद है। ऐसे लोगों की लाईफ में एक क्वालिटी बन जाती है, जिसे हम 'फाइनेंशियल फ्रीडम' भी कहते हैं।

आप अपने जीवन में जिस भी कैटेगरी में आते हों, इस पुस्तक में हम आपको बतायेंगे कि फाइनेंशियल फ्रीडम की क्वालिटी अपनी लाईफ में कैसे जोड़ सकते हैं।

चैप्टर 3
क्वालिटी ऑफ मनी

दोस्तों, हममें से बहुत कम लोग ऐसे हैं, जिन्होने पैसे की क्वालिटी के बारे में सुना है। जिंदगी को इन्जॉय करने के लिए पैसा जरूरी है, परन्तु हर तरह के पैसे से हम जिन्दगी का पूरा मज़ा नहीं ले सकते।

अगर हमारे पैसे में ये तीन गुण हैं, तो ये हमें फाइनेंशियल फ्रीडम और क्वालिटी लाईफ दे सकता है।

1. पैसिव नेचर

2. ऑनग्रोइंग नेचर

3. रॉयल्टी बेस्ड

पैसिव नेचर का मतलब है कि, हमारी इंकम हमारी फीसीकल उपस्थिति पर निर्भर न रहे। ऐसी स्थिति में, हम अपनी आय भी बना रहे होंगे और हमारे पास अपनी लाईफ को इंजॉय करने के लिए प्रर्याप्त खाली भी समय होगा।

पैसिव इंकम कमाने के लिए हमें ऐसेट बनाने होंगे, ऐसेट वो संपत्ति हैं, जो हमारी जेब़ में पैसा डालते हैं। पैसिव इंकम कमाने के लिए हम ऐसेट के रूप में –

1. सिस्टम बेस्ड बिसनेस बना सकते हैं।

2. रियल स्टेट प्रौपर्टी में इनवेस्ट कर सकते हैं, जो मनथली कैश फ्लो जनरेट करे। कैश फ्लो का मतलग है कि, वह प्रौपर्टी हमें एक पीरिऔडिक

और रैगुलर इंकम दे। जैसे यदि हम कोई फ्लैट रैंट पर देते हैं, तो रैंट के रूप में वो प्रौपर्टी हमें रेगुलर कैश फ्लो प्रदान करती है।

दोस्तों, मैने आपसे कहा था कि, इस दुनिया में कई लोग ऐसे भी कमा रहे हैं, जिससे उन्हें काम एक बार करना पड़ा पर उन्हें पैसा बार–बार मिल रहा है। ऐसी इंकम को रॉयल्टी इंकम कहते हैं।

निम्नलिखित लोग, अपने कार्य में अपने लिए रॉयल्टी इंकम बना रहे हैं –

1. वैज्ञानिक : अपने आविश्कार पर रॉयल्टी लेते हैं।

2. गायक : अपनी एलबम पर रॉयल्टी लेते हैं।

3. लेखक : अपनी पुस्तको पर रॉयल्टी लेते हैं।

लेकिन अगर आप वैज्ञानिक या गायक या लेखक इनमें से कुछ भी नहीं है, तो भी निराश होने की जरूरत नहीं है। वर्तमान समय में कई ऐसे बिजनेस मॉडल मौजूद हैं, जो आपको रॉयल्टी इंकम के ब्रैकेट में आने में मदद करते हैं और कुछ क्वालिफिकेशन्स को क्लीयर करके आप भी रॉयल्टी इंकम कमाने लगते हैं।

इस पुस्तक में आपको ऐसे ही ऐ बिजनेस ऑपोरचुनिटी के बारे में डिटेल जानकारी दी जायेगी।

चैप्टर 4
जॉन पॉल गेट्टी के नियम

दोस्तों, अमेरिका के पहले मिलनेयर, मि. जानपाल गेट्टी ने अपने अनुभवों के आधार पर अमीर बनने के चार नियम बताये।

इन चार नियमों पर चलकर कोई भी सामान्य इंसान अमीरी की ओर कदम बढ़ा सकता है। ये चार नियम इतने स्वाभाविक हैं कि, अगर आप दुनिया के किसी भी अमीर आदमी पर रिसर्च करेंगे, तो पायेंगे कि, जाने–अंजाने में हर अमीर व्यक्ति ने इन चार नियमों का पालन किया है।

जानपाल गेट्टी के अमीरी के नियम –

1. अपना खुद का बिजनेस होना चाहिए।

2. बिजनेस **FMCG** का होना चाहिए।

3. आय के कई स्त्रोत होने चाहिए।

4. दूसरों की मदद।

1. अपना खुद का बिजनेस होना चाहिए –

जानपाल गेट्टी ने कहा कि, यदि कोई व्यक्ति अमीर बनना चाहता है, तो पहली षर्त यह है कि, उस व्यक्ति को अपना खुद का बिजनेस करना पड़ेगा। नौकरी करके आज तक कोई भी अमीर नहीं बना। यदि हम अपने षहर में देखें तो सबसे धनी व्यक्ति कोई बिजनेसमैन होगा। यदि हम अपने राज्य में देखें, तो भी यही पाएँगे कि, सबसे अमीर आदमी कोई बिजनेस कर रहा होगा और यदि हम अपने देश में देखें, तो भी यही देखेंगे की

सबसे अमीर व्यक्ति कोई सर्विसमैन नहीं, बल्कि वो इंसान होगा जिसका अपना खुद का बिजनेस है। इसी तरह आप पूरी दुनिया पर गौर करें तब भी रिचेस्ट पर्सन, बिजनेसमैन ही मिलेंगे।

इससे यह बात तो पूरी तरह सिद्ध होती है कि, यदि हमें या आपको अमीर बनना है, तो हमें भी अपना खुद का बिजनेस स्टार्ट करना होगा।

2. बिजनेस **FMCG(Fast Moving Consumer Goods)** का होना चाहिए –

अब सवाल उठता है कि, हम बिजनेस करें किस चीज़ का। जानपाल गेट्टी ने अपने अनुभव से यह निश्कर्श निकाला कि, यदि हम "जमंकल और "जतवदह हतवूजी चाहते हैं, तो बिजनेस **FMCG** का होना चाहिए। **FMCG** में वो समान आते हैं, जो लोगों को निश्चित समय के बाद दोबारा खरीदने की आवश्यकता पड़ती है। ये वस्तुएँ ग्राहक एक बार खरीदता है और इस्तेमाल होने के बाद उसे खरीदने दोबारा बजार जाता है। इस प्रकार इन वस्तुओं की निरंतर मांग बनी ही रहती है।

3. आय के कई स्त्रोत होने चाहिए –

जानपाल गेट्टी का यह नियम इतना तर्कसंगत है कि, दुनिया का हर अमीर इंसान इसे इस्तेमाल करता है। यहाँ तक की दुनिया के नम्बर वन इन्वेस्टर (वारेन बफेट) भी हमेशा लोगों को यही सिखाते हैं।

हम अगर 100 रू 1 जगह से कमा रहे हैं, तो हम बहुत बड़ी गलती कर रहे हैं। हमें तुरंत चिंतन करना चाहिये और इससे दुष्परिणामों पर नजर

डालनी चाहिये। 100 रू. 1 जगह से कमाने की बजाये हमें 10 रू– 10रू 10 जगह से कमाने चाहिये

ऐसा करने पर , यदि फल को किसी कारण वश हम तीन जगह से पैसा नहीं कमा पाये तो भी 7 जगहों से 70 रू कमा पायेंगे और अपने जरूरी खर्चों को पूरा कर पायेंगे। 7 जगहों से 70 रू कमाने से हम पूरी तरह Financial stable में भी नहीं हुये और साथ ही साथ यह चेक भी कर सकते है कि 3 जगहों में क्या कमी कमी है, जिससे पैसा नहीं आ रहा और उस कमी को ठीक भी कर सकते है।

4. दूसरों की मदद करो

यह एक आवश्यक प्रक्रिया है, जिससे आपका सम्पर्क और अनुभव दोनो ही बढ़ता है।

चैप्टर 5
निष्क्रिय आमदनी

निष्क्रिय आमदनी एक ऐसा कॉन्सेप्ट है, जिससे दुनिया में सिर्फ चुनिंदा लोग ही वाकिफ हैं। और यदि लोगों को इस कॉन्सेप्ट के बारे में बताया जाता है, तो भी सिर्फ कुछ गिने चुने खुश नसीब लोग ही इस कान्सेप्ट को समझ पाते हैं। इस दुनिया में लोग दो प्रकार की आमदनी प्राप्त कर रहे है। अधिकांश लोग सक्रिय आमदनी कमाते हैं। को काम करते हैं जो पैसा आता है और काम नहीं करते हैं तो पैसा नहीं आता है। परन्तु इसी दुनिया में कुछ ऐसे भी लोग है, जो किसी काम को एक बार करते हैं और उस काम की बदौलत, पैसा बार–बार कमाते हैं। ऐसे लोग निष्क्रिय आमदनी कमा रहे हैं। उदाहरण के लिये यदि आप :–

1. गाना गाते हैं, तो जब–जब आपकी कैसेट बिकेगी, आपको रायल्टी इंकम प्राप्त होगी।

2. बुक लिखते हैं, तो जब–जब आपकी बुके बिकेगी, आपको रायल्टी इंकम प्राप्त होगी।

3. आविष्कार करते हैं, तो जब–जब आपका आविष्कार Comercialize होगा, तब–तब आपको पैसा मिलेगा।

4. एक बिजनेस नेटवर्क खड़ा करते हैं। तो जब –जब आपके Network में twrnous होगा आप पैसा कमायेंगे।

18

अब दोस्तों एलबम बिके यह इस बात पर निर्भर नही करता कि वहां गायक मौजूद है या नहीं और न ही इस बात पर कि गायक सभी जगा हुआ है कि सोया हुआ है। इसी तरह आपके बिजनेस नेटवर्क (जो कि सिस्टम आधारित है) में होने वाली हर एक सोंच , आपके व्यक्तिगत प्रभास की प्रतीक्षा नहीं करती। इसीलिये दोस्तों निष्क्रिय आमदनी के तीन फायदे ये है कि –

i. व्यक्ति की उपस्थिति अनिवार्य है।

ii. काम एक बार करना पड़ता है, उसके बाद हमारे एसेट्स हमारे लिये काम करते है।

iii. निष्क्रिये आमदनी व्यक्ति को समय, पैसा और आर्थिक सुरक्षा तीनों एक साथ प्रदान कर सकता है।

दोस्तों किशोर कुमार के गानों की रायल्टी आज भी उनके बेटे अमित कुमार को मिलती है। थामस एडीसन के अविष्कारों की रायल्टी आज भी उनकी पीढ़ियों को आती है। इसीलिए यदि आप अपना एक सिस्टम आधारित Business नेटवर्क खड़ा करते है तो हो सकता है कि शुरूआत में उसे develop करने में आपको hard work करना पड़े, परन्तु एक ऐसा समय आयेगा आपका Business auto pilot mode में चला जायेगा और आपके लिये एक निष्क्रिय आमदनी genesate करने वाला सबसे उत्तम रूसेट बन जायेगा।

चैप्टर 6
कैशफलो क्वाड्रेण्ट

दोस्तों, एक दिन शाम के समय मैं अपनी लाइब्रेरी में Economic times पढ़ रहा था। तभी मेरी नजर एक news पर गयी । इस news में लिखा था कि 17 सितम्बर को (नई दिल्ली में) Thyaysaj station में world's best business writer – robest kiysalci आने वाले है। मैं पहले से ही उनका बहुत बड़ा फैन था। इसलिये मैने उनका seninar attend करने का मन बनाया। naminal उनके की ticket 4500/ रू. थी । वे इंडिया में पहली बार आ रहे थे और वो भी अपनी wite kim kiyanani के साथ।

मैं उनके Seminar को attend करने के लिये उत्सुक था। 14 september best 2014 sunday को मैं अपनी वहां उनको सुनने के लिये 5000 से ज्यादा लोग आये थे। जब stay वो पर आये तो सभी लोग की तालियों की गड़गड़ाहट से साथे stadium गूंज उठा।

Seminar start होने पर Rohest kigorkici ने हमें cash – how quarant के बारे में बताया। उन्होंने हमें बताया कि इस दुनिया में लोग चार तरीकों से पैसा कमा सकते है।

20

उन्होंने ऊपर बना हुआ डायग्राम बनाया। उन्होंने कहा – flow rendrant है इसके left rite में E और Quaterant हैं तथा right side में B और I Quadrant है।

1. E से तात्पर्य Employed वर्ग से है ये लोग किसी कम्पनी में job करते है।
2. S से तात्पर्य self employed person से है। ये लोग या तो protesional doctor , lawyer etc होते है या फिर अपना traditional business खुद का करते है।
3. B से तात्पर्य बड़े Businessmen से है
4. I से तात्पर्य वर्ग Innertor से है।

   इस quadlont को explain करते हुए Robert Kiyerki ने बताया कि दुनिया में 97 प्रतिशत लोग Employee या self emplyed है जबकि 3प्रतिशत लोग बड़े बिजनेसमेन या investor है। इसके बाद उन्होंने एक दूसरा बोला कि दुनिया का 80 प्रतिशत पैसो इन 3 प्रतिशत right के लोगों के पास है और माल 20 प्रतिशत पैसा इन 97 प्रतिशत left side population के पास है।

इसके बाद robest kigosaki हमें बताया कि ऐसा क्यों है।
उन्होंने कहा Employee & self employed people
active money कि के लिए काम करते हैं, जबकि
Business & investor private money के लिये
काम करते है।

उनके लोग पैसे के लिये कड़ी मेहनत करते है जबकि वे लोगों के
लिये उनका पैसा कड़ी मेहनत करता है।

चैप्टर 7
अमीर एक सिस्टम बनाते है

अगर हम दुनिया भर के अमीर लोगों का अध्ययन करेंगे तो हमें, उन सबमें एक समानता जरूर दिखेगी कि वो सभी लोग एक सिस्टम बना कर काम कर रहे हैं। यहाँ सिस्टम से मेरा तात्पर्य एक आटोनोमस (स्वचालित) आर्गेनाइजेशन से है।

अमरी लोक, पूरा काम खुद करने के बजाय, अपना एक मास्टरमाइण्ड ग्रुप तैयार करते हैं और इस मास्टर माइंड ग्रुप की सहायता से, वो बड़े कार्यों को अंजाम देते है। अमीर लोक हर **Specialized Task** के लिये एक **Post** रखते है, और उस **Post** पर एक **Qualified Portended** को **hire** करते है। इस प्रकार उनके पास, उनकी कम्पनी को सम्भालने के लिए एक **CEO** एक **CFO** कई सारे **Managers, Accounted** और **Incharge** होते है। इस तरीके से उनके पास कुशल लोगों का एक **Network** तथा कार्य को करनी की एक पद्धति होती है, जिनकी मदद से, उनकी आर्गेनाईजेशन एक स्वचालित सिस्टम बन जाती है और उनके लिये आशातीत परिणाम पैदा करनी है।

दोस्तों, मैकडानोस्ट से अच्छा बर्गर तो कोई भी बना के बेच सकता है परन्तु रे क्रमांक ने बर्गर के साथ, उसे बेचने इसके बाद Rohert Kigosak ने हमें बताया कि ऐसा क्यों है

उन्होंने कहा कि Employee & Self Employee People active many के लिए काम करते है, जबकि Business & Invester Panive money के लिए काम करते है।

E&S quadent के लोग पैसे के लिये कड़ी मेहनत करते है, जबकि B& I Qnedent के लोगों के लिये—उनका पैसा कड़ी मेहनत करता है।

दोस्तों जब System में इतनी ताकत है, तो हमें अपने Business में System Develop करना होगा। ऐसा तीन तरीकों से किया जा सकता है।

1. आप अपना Bussiness Start करीये, या फिर अपने existing business में System devlop करीये। परन्तु ऐसा करने में 15 से 40 साल लग सकते हैं और ये सफलता आपकी पूरी जिंदगी के महत्वपूर्ण समय के मूल्य पर होगा।

2. आप एक ready-made system आधारित business को खरी लीजिये। परन्तु ऐसा करने के लिये आपका बहुत बड़ा Investment इकट्ठा करना होगा।

3. आप एक Network Marketing कम्पनी के साथ जुड़ जाये। ये low cast पर आपको एक after system bard bussiness करने का मौका देंगी तथा आप बहुत ही low risk के साथ clam business traing avail कर पायेंगे।

के लिये एक सिस्टम विकसित किया– जिसे Franchise System कहते है।

इसलिये सिस्टम में बहुत ताकत है और बिना सिस्टम की मदद के हम कभी भी pessive income नहीं कमा सकते।

जब आप एक सिस्टम आधारित बिजनेस करते है, तो आपका बिजनेस develop आपसे एक अलग बन जाता है, और उसका Perprence और revenue आपकी उपस्थिति पर निभैर नहीं करता। यही कारण है कि जब मनुष्य अपना vision statment लिखते है, तो वे 70 साल की Focus रखते है, परन्तु जब कारपोरेशन

अपना vision statement लिखती है, तो वो 500 साल के Future पर Focus करनी है।

दोस्तो, यदी आप पहले से ही बिजनेस कर रहे है, तो जरा थोड़ा रूककर आज ये चेक कर ले कि आपका बिजनेस सिस्टम आधारित है भी या नहीं। यह चेक करना बिल्कुल आसान है। आपको बस इतना करना है कि आप 1 साल के लिये अपने बिजनेस को छोड़कर वर्ल्डटूर पर निकल जाये, और जब आप किसी दूसरे देश में हो, तो भी आपका बिजनेस आपके लिये Panive income grated कर रहा हो, और जब आप 1 साल बाद वापस आये, तो आपका Business पहले से ज्यादा re fdgdfg या Psutits grerater कर रहा हो। यदि ऐसा है, तो बधाई हो, आपका Business सिस्टम आधारित है।

चैप्टर 8

अमीर कैश–फलों के लिये काम करते है

अगर आप बिजनेस करके पैसा कमाना चाहिते है, तो नीचे लिखे दो का अर्थ आपके लिए बहुत महत्वपूर्ण है:–

1. जब हम किसी वस्तु को कम पैसे में खरदी कर, ज्यादा पैसा में बेचनते है, तो हमें जो होती है, उसे कैपिटल गेन कहते है।

   उदाहरण : यदि हमने 100 रू. के खरीद कर उन्हें 150रू. में बेच दिया, तो हमे 50 रू. का केपिटल गेन हुआ।

2. कैश फलो: जब हम अपने को बेचते नहीं है, बल्कि उसकी से हमें पैसा कमाते है, तो इसे कैश फलो कहते है।

   उदाहरण: यदि हम एक खरीद कर उसे बेचने के बजाय 150000/– किराये पर चढ़ाते है, तो हमारा वो हमें 15000रू. का देता है।

   अमीर बनने के लिये, हमें capital garh पर नहीं बल्कि कैश, पक्षों पर फोकस करना होगा। Regular cash how हमें Habitity देता है दोस्तों इसे हम बहुत पुरानी कहानी से इस प्रकार समझ सकते है कि यदि हम सोने का अण्डा देने वाली मुर्गी को बेच देंगे तो एक बार पैसा कमायेंगे लेकिन यदि हम मुर्गी को नहीं, बल्कि उसे सोने को अण्डो को बेचेंगे तो बार–बार पैसा कमायेंगे।

ये छोटा सा सिंद्धांत हमारे काम करने के तरीकों 'मं इतना बड़ा परिवर्तन कर देता है कि धीरे–धीरे हम अपने anet dendop monthy explanes इतने से ज्यादा हो जाता है । दोस्तों अगर ये cash flow panive nature का है, तो मूझ स्थिति तो झूस स्थिति को Financial trudan भी कहते है। और ये अमीरी की राह में सबसे बड़ा emotional और lite – changing mile atone होता है।

चैप्टर −9
डिफरेंट टाईप ऑफ एसेट

दोस्तों, आइये, आज हम के दो शब्दों की परिभाषा लेकिन ये परिभाषा किताबों के अनुसार नहीं बल्कि अमीरों के दृष्टिकोण के हिसाब से होगी।

1. Asset एसेट
2. Libility लायेबिलिटी

एसेट

एसेट को सभी processes है, जो हमारी जेब में पैसा डालते है।

लायेबिलिटी

लायबिलिटी को सभी ponentons है, जो हमारी जेब से पैसा बाहर निकालते है।

जब मैंने 14 September को Robest kiyosact का seminar attend यिका तो उन्होंने पर से कहा कि हमारा घर हमारे लिये नहीं बल्कि है। और फिर उन्होंने stage यह भी कहा कि इस बात को नहीं समझते।

ऊपर दी गई परिभाषाओं के चश्मों से देखे तो ये लक्ष्य बहुत ही आसानी से हमें समझ में आ सकता है। यही कारण है कि अमीर व्यक्ति पहले अपने में करते है। और बाद में अपने liability पर

दोस्तों assest चार तरीको के होते है।

1- Business
2- रियल स्टेट (Properties)
3- Shares , Mutual fund, bonds
4- Commodition सोना, चांदी तेल

1- Business :– अमीर लोगों का प्रिय anest system banet business एक होता है। इसलिये को अगर अपना पैसो करने का मन बनाते है तो सबसे पहले system baned business को चुनते है।

2- Note ध्यान दिजियेगा, अमीरों के लिये business शब्द का कोई अर्थ नहीं है। , उनके लिये केवल system baned business ही महत्वपूर्ण शब्द है। अमीरों के हिसाब से अगर आपके business में नहीं है तो आपका बिजनेस – बिजनेस नहीं बल्कि traditional एक है।, जहां आप खुद नौकरी कर

30

रहे है। यही कारण है कि मैं कभी ये नही कहता कि अमीर व्यक्ति करते है बल्कि मैं हमेशा ये कहता हूँ कि अमीर व्यक्ति करते है।

3- रियल स्टेट – दोस्तों अमीरों का दुसरा सबसे मन पसंद रियल स्टेट होता है। को हमेशा अपना पैसा रियल स्टेट में यह सोचकर नहीं करते कि कल इसका दाम बढ़ जायेगा, तो मेरे पर बढ़ जायेगा कोई मतलब नहीं है ; क्योंकि वो के लिये नहीं बल्कि के लिये करते है। उसके में करती है।

4- पेपर ऐसेट (शेयर मच्यूल फंड) अमीर व्यक्ति कभी भी शेयर में इंवेस्ट नहीं करते । यह बात बहुत से लोगों की समझ में नहीं आयी होगी और न ही को इसे वचा पा रहें होंगे। middle clam शेयरसन में invest करते है। जबकि अमीर व्यक्ति percetages of company में करते है। यही कारण है, कि लोग अपने shores से केस capital gen कमा पाते है, जबकि अमीर व्यक्ति अपने persentage of capang से cash flow कमा पाते है।

5- Commodition (सोना चांदी Retsdin etc)

चैप्टर −10
पीपल लेड आर्गेनाइजेशन एसेट − **why**

ऐसेट कई तरह के होते है। लेकिन अमीरों का Favorite anet organization होती है। आर्गनाइजेशन कंपनी वेस्ट एसेट है, इसके कई कारण है जैसे−

1. Organization एक autonomus होती है।

2. Organization panier income का रास्ता खोलती है।

3. Organization में हम काम को विशेषज्ञ को सौंप सकते है।

4. Organization कई तरह की में छूट प्रदान करती है।

5. Organization को चताने के लिए हमारी अस्थिति जरूरी नहीं है। बल्कि हमारा Mantermid group organization को बसूबी चलाता है।

6. Organization एक Resaste entity होती है।

7. Organization 500 साल से भी ज्यादा समय तक जिंदर रह सकती है।

8. Organization के Through हम एक दिन में उतना कम accomptch कर सकते है। जितने कि हमारे पास staff है।

1. Organization एक autonomus होती है।:–Organization एक Network होती है जिसके अलग–अलग पर अलग अलग काम से माहिर व्यक्ति को नियुक्त किया जाता है। काम करने की पूर्व निर्धारित procena & palicyतथा विशेषज्ञ लोगों का नेटवर्क इसे एक अद्भुत स्वचालित बनाता है।
2. Organization parive income का रास्ता खोलती है :– चूंकि Orgnization लोगों और का एक होती है। इसलिये इसको करने के लिये उसके संस्थापक की आवश्यकता नहीं होती और न ही उनकी अनुपस्थिति Organization से की उत्पादकता पर कोई दुष्प्रभाव आता है। Organization अपनी विशेषज्ञ team के संमय और प्रतिभा के आधार पर तरक्की करती है। इसलिये Organization pavi income कमाने का वेस्ट साधन है।

3. Organization में हम काम को विशेषज्ञ को सौंप सकते है :– Organization को करने के लिये सबसे अच्छी बात यह है कि इसमें हरे काम हमें खुद नहीं करना होता। बल्कि उस काम के विशेषज्ञ को वह जिम्मेदारी दे दी जाती है। यही कारण है कि आजकल बड़ी बड़ी कम्पनियों के चेयरमैन अपनी कम्पनी के लिये Best the best CEO नियुक्त करते है ताकि उनकी कम्पनी को अच्छी तरह से चलायें ।

4. Organization कई तरह की में छूट प्रदान करती है। Organizationl and पर के से कम है। साथ ही यदि हम पैसे को रिइवेस्ट करते है, या फिर कंपनी के खर्चों को करते है। तो Organization हमें बेहतर छूट प्रदान करती है।

5. Organization को चलाने के लिये हमारी उपस्थिति जरूरी नहीं है। बल्कि हमारा matamind group organization को बसूबी चलाता है – और हम इंसान इसमें एक अलग और का निर्वाहन करते है। Organization लोगों के विशेषज्ञ ज्ञान का होनेके कारण में बड़े आसानी से हो जाते है।

6. Organization एक epasate eting है। यदि हम अपनी कम्पनी को प्राइवेट लिमिटेड या फर्म के रूप में रजिस्टर करते हैं, तो हमारी कम्पनी , हमसे अलग एक indicitity जाती है । और

कम्पनी के auet, liabilities सब कम्पनी के नाम पर हो जाते है। ऐसा होने पर मालिक अपनी मिनी सम्पत्तियों को सुरक्षित कर कसता है।

7. Organization 500 साल से भी ज्यादा समय तक जिंदा रह सकती है :– corporation उसके owner से अलग एक होती है। होती है। corporation के director के मरने के बाद वो दूसरी पीढ़ी transta को हो जाती है। ये सुविधा केवल private public limited company में है।propretovhp में ऐसे है।Propretorship Bushen-wner में और Business एक ही entity है। Business के एसेट और Business के liability , durectory businouness से attached होती है। proction के मरने के बाद हम को नहीं बेचते बल्कि के एसेट्स को बेचते है। इसीलिये यदि Propreitship में यदि कोई cradit dejoult होतरा है। तो उसका हरजाना propreitsship की नीजी सम्पत्ति से वसूबा जा सकता है।

8. Organization के हम एक दिन में उतना काम कर सकते है। जितने कि हमारे पास है:– यदि हम अकेले काम accomplirh करते हैं, तो एक दिन में हम 10 से 18 घ काम कर सकते है। लेकिन आर हम एक आर्गेनाइजेशन बनाते है। जिसमें 100 लोग है।

और हर इंसान एक दिन में 10 घ काम करता है। तो हमारे लिये total दिन में 100x10=1000 काम हो जाता है। इंकम का एक फार्मूला है:– इंकम – स्किल x यही कारण है, कि 100 लोगों की कम्पनी ने हर कर्मचारी जाने 10 घंण्टा के हिसाब से पैसा कमानाहै, जबकि कम्पनी का मालिक अपनी कम्पनी में हुए टोटल 1000 घण्टा के काम पर पैसा कमाता है।

चैप्टर –11

अमीर पैसों के लिये, एसेट के लिये काम करते है

दोस्तों जब मैंने New Delhiमें Robest Kiyosalci का seminar attend किया तो उन्होंने सबसे पहली बात अमीरों ciym के विषय में करी वो ये थी कि अमीर पैसों के लिये काम नहीं करते । अब पूरी andieace सोच में पड़ गयी कि अगर अमीर पैसों के लिये काम नहीं करते, तो फिर वो किस चीज के लिये काम करते हैं। स्टेज पर रोबर्ट के साथ उनकी uite kim kiyoraki भी खड़ी थी और वो भी बड़े गौर से Rohart की बात को सुन रही थी।

Robert ने उसके बाद बताया कि अमीर लोग एसेट्स के लिये काम करते है। robert ने फिर andience को explain किया कि अमीर लोग एसेट्स के लिये काम करते है। और फिर यही एसेट्स उन्हें portive cash –flow provide करते है।

इसका तात्पर्य यही हुआ कि अमीरों को paycheck की आदत नहीं होती , वो सबसे पहले अपने एसेट्स (बिजनेस, रियलस्टेट to) develop करते है और फिर इसी एसेट्स से उन्हें cash flow

मिलता है। जो pay checkकी तरह active income नहीं बल्कि pavine income होती है।

इस तथ्य को समझाने के लिये Rohat kiyoraki ने andiene से एक सवाल पूछा कि क्या आपको पता है कि rtene jobs किसी थी। wadience ने कहा 1 rohat ने explain किया कि steve jobs की salary थी क्योंकि उनकी उनकी से नहीं थी बल्कि Aple कम्पनी के मालिकाना हक से थी। उन्होंने अपना ध्यान कम्पनी को विकसित करने पर केन्द्रित किया।

दोस्तों यदि आप भी दुनिया की चूहा दौड़ से बाहर आकर Finadary tree होना चाहते है तो आपको भी अपना focus अपनी salary slip से हटाकरAcets develop करने में लगाना होगा। आपकी page-check पैसा तो दे सकता है लेकिन कभी नहीं दे पायेगा। जबकि आपके आपको पैसा और समय दोनों चींजे एक साथ देगा और में भी देगा।

अगर आप corporate चढ़कर कम्पनी के ceo भी बन जाये तो भी आपको नहीं मिलेगा क्योंकि आपको time fradom अपनी पूरी करनी पड़ेगी और आप अपनी salary पर रहेंगे। लेकिन यदि आप खुद एक

कम्पनी delelop करके उसके मालिक बनते है तो आपको time ftadon मिलेगा। क्योंकि अब आप अपनी कम्पनी चलाने के लिये भी Qualified person को as a cto hise करा सकते है। और वो आपकी कंपनी को बखूबी run करेगा।

चैप्टर – 12

पेरेंटस बच्चों को पैसे के बारे में क्या सिखायें

दोस्तों, पैसों के बारे में हम सबकी आज जो भी राय है, उसमें हमारी संस्कृति, हमारे इतिहास और हमारे समाज का बहुत बड़ा प्रभाव है। लेकिन इन सबसे ज्यादा प्रभावी कारक जो पैसों के प्रति हमारे नजरिये को तय करता है, वो हमारा परिवार है, हमारे माता–पिता है। इसलिये पैरेट्स को ये जानना बहुत ही जरूरी है कि वो अपने बच्चों को पैसे के बारे में क्या सिखायें।

1. पैसा अच्छा या बुरा नहीं होता बल्कि उसका उपयोग अच्छा या बुरा होता है :–

दोस्तों, आपको अपने परिवार में अपने बच्चों के सामने कभी भी यह स्टेटमेंट नहीं बोलना चाहिये कि पैसा बुराई की जड़ है। या ज्यादा पैसा आने पर इंसान में अनेक दुर्गुण आ जाते है। दोस्तों पैसा अच्छा या बुरा नहीं होता, पैसा सिर्फ पैसा होता है, और अच्छे इंसान इसका उपयोग अच्छे उद्देश्य के लिये करते हैं। ऐसे विचारों को सुनने के बाद आपके बच्चों में यह धारणा बनेगी कि वो बड़े होकर अमीर भी बन सकते है और साथ ही साथ परोपकारी और उदार व्यक्ति भी रह सकते है दुर्भाग्यपूर्ण है कि बहुत से लोग इस बात को नहीं मानते और

अमीरों और अमीरीयत से नफरत करने के कारण , वो खुद अपने जीवन में पैसों को आकर्षित नहीं कर पाते।

2. हम ये aftord नहीं कर सकते :–

दोस्तों दूसरी सबसे बड़ी गलती पैट्रेस जो करते है वो यह है कि वो बच्चों के सामने ये stateat बोलते है कि हम यह afford नहीं कर सकते । दोस्तों हम यह afford नहीं कर सकते एक नाकारात्मक वाक्य है और ये वाक्य बच्चों के दिमाग को खोलने के बजाय उसे बंद कर देता है इसकी बजाय अपनी आर्थिक परिस्थितियों का अवलोकन करते समय , पैटेन्ट्स को बच्चों के सामने यह बोलना चाहिये कि हम इसे कैसे afford कर सकते है। जब हम में बोलते है कि हम इसे किस प्रकार कर सकते है तो यह वाक्य हमारे दिमाग को सोचता है और हमारा दिमाग उस वस्तु को afford करने के तरीकों के बारे में सोचता है।

हर वोअमीर इंसान जिसने आर्थिक संघर्षों को पार करके अनिश्चित हासिल की है उन्होंने अपने गरीबी के समय में भी कभी ये नहीं बोला कि मैं इसे afford नहीं कर सकता बल्कि उन्होंने हमेशा अपने दिमाग से ये पूछा कि मैं इसे कैसे कर सकता हूॅ। और यही को चाहते है कि हमें अपने बच्चों के साथ मिलकर practice करनी चाहिए।

3. पैसे पेड़ा पर नहीं उगते

अकसर देखा जाता है कि माता–पिता बच्चों को ये कहते हैं कि बेटा पैसे पेड़ पर नहीं उगते । मैने गुड़गांव। (दिल्ली) में imagesbazaar और के faounder ceo mr. sandeep Maheshwari एक seminarका video youtube देखा था, उसमें संदीप माहेश्वरी बोलते है कि अब हमें ये beilit system तोड़ देना चाहिये कि पैसे पेड़ पर नहीं उगते। पैसे पेड़ पर उगेंगे लेकिन पहले पैसा का पेड़ तो लगाओं दोस्तों दिक्कत यह है कि 10 प्रतिशत लोग यह मानते है कि पैसों का पेड़ लग ही नहीं सकता। लेकिन अब समय आ गया है। कि हमें ये बात next generation को नहीं forward करनी है। हमें Next generation को ये धारणा देनी है कि पैसों का पेड़ लग सकता है लेकिन उसके लिये हमेंanest create करने होंगे organisation build करने होंगे business grow करने होंगे। दोस्तों रेक्राक ने mac donald's का franchise system start किया। मान लेते है आज के समय mcdee की 1000 शाखायें है और हर शाखा से रेक्राक को रोज 100 रू रायल्टी जाती है। तो दोस्तों रेक्राक की एक दिन की आमदनी 1 लाख रू. हो गयी। रे क्राक

को इस दुनिया से गुनते कई साल हो गये। दोस्तो अगर कब्र में उनकी हड्डियां ढूंढ तो वो भी नहीं मिलेगी। रे क्राक, स्वर्ग से अपने बच्चों को 1 लाख रू. हर दिन कमा के दे रहे हैं और सोचिये किसी आसानी से हम अपने बच्चों से जीते जी ये बोल देने है कि पैसे पेड़ पर नहीं उगते ।

4.   Go to callege, get a good education & get a good job –

दोस्तों अधिकांशतः अभिभावक अपने बच्चों को यही सनाह देते हैं कि कालेज जाओं पढ़ाई पूरी करो और एक अच्छी नौकरी ढंढों । इस सताह में दो सुझाव है। 1. अच्छी पढ़ाई लो।   2. अच्छी नौकरी करो। दोस्तों ये दोनों ही सुझाव अपने आप में बहुत अच्छे है। पर बहुत सारी किताबों का अध्ययन करने के बाद मुझे ये पत चला कि अमीर लोग अपने बच्चों को यह सलाह नहीं देते है। को अपने बच्चों से कहते है कि go to callege, geta good education & create thouration of jobs by buildig a good कम्पनी। यूही है दोस्तों, अपने बच्चों को panive income के बारे में बताये , जिससे कि इस भागदौड़ भरी जिन्दगी में वे अपने लिये पैसा नहीं बल्कि समय सके। समय जो उनकी मर्जी का हो और जिसका उपयोग वो अपने को अपने सपनों को पूरा करने और अपने मनपसंद कार्य को करने के लिये कर सके।

चैप्टर– 13

फाइनेशियल एजूकेशन क्यों महत्वपूर्ण है

वर्तमान में हर विद्यार्थी प्रोफेशनल ऐजुकेशन के लिए कालेज जाता है और फिर वहां किसी trade को सिखता है। लेकिन students को financial education नही दी जाती है।

1. फाइनेशियल एजूकेशन इसलिये जरूरी है कि हमें anest और liability का dificreme बना चले। बहुत से लोक अपने घर को ames मानते है। दोस्तों हमारा घर हमारे लिय anest नहीं liability है। परन्तु हा अगर हमने कोई flat rent पर दे रखा है। तो वो हमारे लिये anest है क्योंकि वो हमारी जेब में पैसा डाल रहा है। दोस्तों मैं उस financial education की बात नहीं कर रहा जो हम as a comance और MBA asrets के नाते सिखते है। और में की परिभाषा समान नहीं है।

2. फाइनेशियल एजूकेशन इसलिए जरूरी है कि हमें कैश फ्लो और कैपिटल गेन के बीच का फर्क पता चले। अधिकांशतःलोग कैपिटल गैंन के लिये निवेश करते है। परंतु अमीर व्यक्ति कैशफ्लो के लिये स्वेसर करने है। लोग real state proparty में इेवेस्ट करके ये सोचते है कि proparty के rate बढ़ जाये। जब हम capital gains के इंवेस्ट करते है तो हमारा इस बात पर कोई नियंत्रण नहीं होता कि market का रेट बढ़ेगा या गिरेगा। लेकिन

rich procte real state proparty at cash-flo के लिये करते है। इससे उन्हें उनका उनकी income या ज्यादा control होता है तथा tax भी कम pay करना धर्म है।

3. फाइनेंशिप एजूकेशन इसलिये जरूरी है कि हमें active income और pamir इंकम के बीच का फर्क बता चले। दुनिया में 80प्रतिशत लोग active income के लिये काम कर रहे हैं। वो दिन रात पैसों के लिये कड़ी मेहनत करते है। लेकिन फिर भी वो कभी भी अपने फाइनेशियल गोल (goal) achaive नहीं करपाते। और अगर उनका pay-check बहुत अच्दा है तो active income की दूसरी खामी उन्हें परेशान करती है और उनके पास अपने तथा अपने परिवार के लिये quality time spend करने का मौका नहीं मिलता। अगर उन्हें फाइनेंशियन एजूकेशन मिले और को भी parime income को कमाने के तरीके सीख पाये तो उन्हें भी उनकी लाईफ money freedom time freedom में और financial mearity मिल सकती है। और जिस दिन उन्होंने panine income कमाना सीख लिया। उस दिन को पैसे के लिय कड़ी मेहनत नहीं करेंगे बल्कि पैसा उनके लिये कड़ी मेहनत करेगा।

4. फाइनेंशियल एजूकेशन इसलिये जरूरी है कि हम अपने फाइनेसिंयल definion खुद ले सके। जब हम खुद को

Apendix

दोस्तों इस सेक्शन में मै अपने पापा द्वारा दिये गये संदेशों को पेश करूंगा। मेरे पापा मि. सुरेश कुमार अग्रवाल , एक मोटिनेशनल स्पीकर और बिजनेस ट्रेनर है। उनकी बिजनेस कम्यूनिटि में लोग उन्हें सुरेश ताऊ के नाम से जानते हैं और प्यार से उन्हें ताऊजी कहकर सम्बोधित करते है।

मेरे पापा हर रविवार अपने बिजनेस ट्रेनी ग्रुप को whatsapp के द्वारा एक आडियो message send करते है। इस सेक्शन में मै उनके द्वारा delivered 10 audio messages की हिन्दी transcript प्रस्तुत कर रहा हूँ:–

यदि आप में ताऊ जी के audio manages free of cost अपने whatsapp पर receive करना चाहते है तो उनके contact No 9415053593 पर अपना Name, qualification और profession लिखकर send कर दीजिये और आप में से 30 lucky winners को वो अपने बिजनेस में partner बनाकर आपके अंदर के entrepreneur को मार्गदर्शित करेंगे।